BEI GRIN MACHT SICH IHR
WISSEN BEZAHLT

- Wir veröffentlichen Ihre Hausarbeit,
  Bachelor- und Masterarbeit

- Ihr eigenes eBook und Buch -
  weltweit in allen wichtigen Shops

- Verdienen Sie an jedem Verkauf

Jetzt bei www.GRIN.com hochladen
und kostenlos publizieren

Bibliografische Information der Deutschen Nationalbibliothek:

Die Deutsche Bibliothek verzeichnet diese Publikation in der Deutschen National-bibliografie; detaillierte bibliografische Daten sind im Internet über http://dnb.d-nb.de/ abrufbar.

Impressum:

Copyright © 2011 GRIN Verlag, Open Publishing GmbH
Druck und Bindung: Books on Demand GmbH, Norderstedt Germany
ISBN: 978-3-668-08883-2

Dieses Buch bei GRIN:

http://www.grin.com/de/e-book/268133/der-einsatz-von-brennstoffzellen-und-zeolith-brennwertgeraeten-zur-waermeerzeugung

Anja Skonieczny

Der Einsatz von Brennstoffzellen und Zeolith-Brennwertgeräten zur Wärmeerzeugung

GRIN Verlag

GRIN - Your knowledge has value

Der GRIN Verlag publiziert seit 1998 wissenschaftliche Arbeiten von Studenten, Hochschullehrern und anderen Akademikern als eBook und gedrucktes Buch. Die Verlagswebsite www.grin.com ist die ideale Plattform zur Veröffentlichung von Hausarbeiten, Abschlussarbeiten, wissenschaftlichen Aufsätzen, Dissertationen und Fachbüchern.

Besuchen Sie uns im Internet:

http://www.grin.com/

http://www.facebook.com/grincom

http://www.twitter.com/grin_com

Inhalt

Abbildungsverzeichnis

Tabellenverzeichnis

1. Einleitung

Der Wandel unseres Klimas sowie der zunehmende Wettbewerbsdruck machen es immer bedeutsamer, vorhandene Energien zur Wärmeerzeugung optimal zu nutzen und Alternativen in Betracht zu ziehen. Dabei muss sich jeder einzelne mit der Frage beschäftigen, wie die Wärme zur Beheizung seines Wohnraumes erzeugt wird. Mit dem am 1. Januar 2009 in Kraft getretenem Erneuerbare-Energien-Wärmegesetz, welches den Einsatz von erneuerbaren Energien zur Wärmegewinnung bei Neubauten vorschreibt, werden Bauwillige dazu aufgefordert, sich mit der Nutzung alternativer Energien und gleichzeitig einer effizienteren Nutzung fossiler Brennstoffe auseinanderzusetzen. Das Ziel besteht darin, die Wärmeerzeugung aus erneuerbaren Energien von 6,6 Prozent im Jahr 2007 auf 14 Prozent bis 2020 anzuheben und so einen erheblichen Beitrag zur Reduzierung der CO_2-Emission in Deutschland zu leisten.[1] In Deutschland verbrauchten die Privathaushalte 2008 rund 29 Prozent der Endenergie (Verkehr nicht einbezogen). Der weitaus größte Anteil entfällt auf Raumwärme sowie die Warmwasserbereitung. Moderne Techniken und alternative Verfahren ermöglichen schon heute jedem Einfamilienhausbesitzer, einen persönlichen Beitrag zum Wandel der Energiesysteme zu leisten, indem er dafür sorgt, dass hocheffiziente Heizungstechnik eingesetzt und somit Energie eingespart wird. Bislang stellen Holz und fossile Energieträger wie Kohle, Erdöl und Erdgas die wichtigsten Quellen der Energieversorgung dar. Ein wesentlicher Wandel der Energieversorgung und eine damit verbundene Schonung der verbleibenden Ressourcen sind notwendig, denn:

- die vorhandenen Ressourcen sind endlich,
- die Energieversorgung muss nachhaltig gewährleistet sein und

weitere Ausmaße des Klimawandels müssen verhindert werden (durch Senkung der Kohlendioxid (CO_2)-Emissionen).[2]

---

[1] Vgl.: http://www.bmu.de,Bundesministerium für Umwelt, Informationen zum Erneuerbare Energien Wärmegesetz (EEWärmeG), (2008), (Zugriff am 18.03.2011)

[2] Vgl.: http://www.callux.net, Callux-Informationsprogramm, „Praxistest Brennstoffzelle fürs Eigenheim",(Zugriff am 18.03.2011)

Statistiken zu Folge hat jeder Bewohner Deutschlands jährlich den Ausstoß von rund 10 Tonnen CO_2 zu verantworten. Um den globalen Temperaturanstieg auf höchstens 2 °C zu senken, müssten diese Emissionen bis zum Jahr 2050 auf rund 2 bis 3 Tonnen CO_2 gesenkt werden. Das bedingt einen grundlegenden technischen als auch organisatorischen Wandel in Bereitstellung und Nutzung von Energie. Um die Nutzungsdauer fossiler Energieträger zu verlängern, müssen hocheffiziente Technologien in Verbindung mit erneuerbaren Energien zum Einsatz kommen. Brennstoffzellen- Heizgeräte sowie moderne Zeolith- Brennwertgeräte arbeiten hocheffizient und ressourcenschonend. Sie besitzen deshalb großes Potential, wenn es um den Einsatz nachhaltiger Verfahren zur Wärmeerzeugung geht. Dabei beschreibt der Energieeffizienz-Begriff einen Vergleich, welcher das Verhältnis zwischen eingesetzter Energie zu dem Nutzen darstellt, welcher durch sie erzielt wird. Umso mehr sich beide Größen annähern, desto effizienter wurde die eingesetzte Energie genutzt. Eine hohe Energieeffizienz kann erreicht werden, wenn die Verluste bei der Energiewandlung und -übertragung möglichst gering gehalten werden.[3] Beide Systeme sind gerade im Bereich der Wärmeenergieerzeugung, vor allem für einen Versorgungsbereich geringer Leistungen, sehr innovativ und stehen vor den Herausforderungen einer breiten Markteinführung. Dazu ist es unter anderem notwendig, die bisher vergleichsweise hohen Anschaffungskosten zu senken.

Ziel der vorliegenden Arbeit ist es, zum einen die Brennstoffzelle und zum anderen Zeolith-Brennwertgeräte dahingehend zu untersuchen, welchen Beitrag sie zu einer nachhaltigen Wärmeerzeugung, speziell für den Versorgungsbereich geringer Leistungen leisten. Gleichzeitig soll die zum Verständnis notwendige Technik sowie der Entwicklungsstand beider Systeme dargelegt werden.

---

[3] Vgl.: ebd.

2. Brennstoffzellen-Heizgeräte zur Wärmeenergieerzeugung

Brennstoffzellen-Heizgeräte sind ressourcen- und umweltschonende Systeme der Zukunft. Führende Hersteller arbeiten daran, die Brennstoffzellentechnik zunehmend wirtschaftlich und zuverlässig zu gestalten und somit eine nachhaltige Energieerzeugung zu ermöglichen. Langfristig gehört dazu auch die Senkung der bisher vergleichsweise hohen Anschaffungskosten. Brennstoffzellen-Heizgeräte arbeiten nach dem Kraft-Wärme-Kopplungs-Prinzip und sind der Familie der Blockheizkraftwerke (BHKW) zuzuordnen. Bevor auf die Details der einzelnen Brennstoffzelle und das Kompaktsystem Brennstoffzellen-Heizgerät eingegangen werden kann, sind zunächst einige technische Grundlagen notwendig.

„Der Begriff „Kraft-Wärme-Kopplung" (KWK) bezeichnet das Prinzip gleichzeitiger Bereitstellung und Nutzung von mechanischer Energie (Kraft) – sie wird in der Regel in Strom umgewandelt – und Wärmeenergie."[4]

Das Schaubild zeigt den Unterschied zwischen konventioneller Technik, bei welcher die Wärme ungenutzt bleibt und verloren geht und dem KWK-Prinzip:

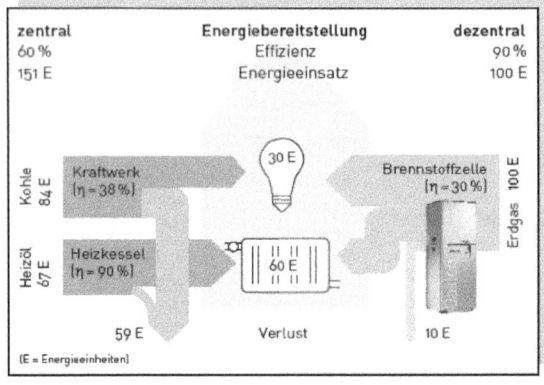

Abbildung 1: Kraft-Wärme-Kopplungs-Prinzip[5]

---

[4] ebd.

Als Blockheizkraftwerk bezeichnet man eine KWK-Anlage, die modular in einem Block aufgebaut ist und die Strom- und Wärmeversorgung übernimmt. BHKW sind in der Regel KWK-Anlagen, die auf einem Verbrennungsmotor basieren. Sie wandeln die eingesetzte Energie durch Verbrennung zunächst in mechanische und anschließend über einen Generator in elektrische Energie um. Die während dessen anfallende Abwärme wird über einen Wärmetauscher zur weiteren Nutzung (Warmwasserbereitung und Heizung) abgeleitet. Bei KWK-Anlagen mit einer Brennstoffzelleneinheit entfällt der Zwischenschritt der Stromerzeugung über die mechanische Energie. Strom und Wärme entstehen nicht durch Verbrennung fossiler Brennstoffe, sondern in einem elektrochemischen Wandlungsprozess. Wasserstoff und Sauerstoff reagieren im elektrochemischen Prozess zu Wasser. Dabei entstehen Strom und Wärme in einem Prozess. So genannte Mini- oder Mikro-BHKW werden für Anlagen geringer Leistung verwendet. Diese eignen sich beispielsweise für den Gebrauch in Hotels Ein- und Mehrfamilienhäusern oder Wohnblöcken. Aufgrund der gekoppelten Nutzung von Wärme und Strom und der räumlichen Nähe zu den Wärmeverbrauchern erzielen sie einen insgesamt hohen Nutzungsgrad. Zur weiteren Differenzierung kompakter KWK- Anlagen für Wohngebäude bis hinunter zu Einfamilienhäusern unterscheidet das Bundesumweltministerium zwischen:

- Mikro-KWK $\leq$ 2 kW$_{el}$
- Mini-KWK $\leq$ 15 kW$_{el}$
- Kleinst-KWK $\leq$ 50 kW$_{el}$
- Klein-KWK $\leq$ 2.000 kW$_{el}$.[6]

In der Literatur wird diese Einteilung jedoch nicht einheitlich verwendet. In der zugrunde liegenden Arbeit soll die Bezeichnung Kleinst-KWK-Anlage, auf Grundlage der vorangegangenen Definition, Anwendung finden.

---

[5] Brennstoffzelle_Hexis.pdf. Galileo – „Mit Brennstoffzellen dezentral Strom und Wärme erzeugen",S.2

[6] Vgl.: Bundesministerium für Umwelt, Naturschutz und Reaktorsicherheit Referat Öffentlichkeitsarbeit, „Kleine Kraft-Wärme-Kopplung Für Den Klimaschutz"(2005), (Zugriff am 19.03.2011)

Mit Kleinst-KWK-Anlagen kann das Kraft-Wärme-Kopplungs-Prinzip auch dezentral, also direkt beim Nutzer angewandt werden. Durch die räumliche Nähe und der damit verbundenen Nutzung der Energie am Ort ihrer Entstehung, verringern sich die Transportverluste der Wärmeenergie enorm. Im Gegensatz zu zentralen KWK-Anlagen fällt der Strom hier sozusagen als Nebenprodukt an. Bei motorbetriebenen BHKW kann die Leistung nicht beliebig verkleinert werden, ohne, dass sich auch der Wirkungsgrad verringert. Brennstoffzellen-Heizgeräte arbeiten auch in kleinen Leistungsbereichen mit guten Wirkungsgraden. Deshalb sind sie besonders für den Einsatz in Ein- und Zweifamilienhäusern geeignet. Anlagen im kleinen Leistungsbereich erzielen zwar geringere elektrische Wirkungsgrade als leistungsstärkere Anlagen, durch die Nähe zum Wärmeverbraucher besitzen sie jedoch eine hohe Gesamteffizienz.[7] Das nachstehende Schaubild fasst einige wesentliche Anlageneigenschaften zusammen.

Tabelle 1: Vergleich der Antriebssysteme KWK-Analge[8]

		Ottomotor	Dieselmotor	Stirlingmotor	Brennstoffzelle
Gesamtwirkungsgrad	%	bis 90	bis 90	um 90	um 90
Elektrischer Wirkungsgrad	%	< 30	Bis 30	< 20	>30
Teillastverhalten		gut	Gut	gut	Sehr gut
Stand der Technologie		bewährt	bewährt	Kleinserien	Pilotanlagen
Üblicher Brennstoff		Erdgas	Heizöl EL	Erdgas, Holz	Erdgas

---

[7] Vgl.: Callux-Informationsprogramm,(2011), „Praxistest Brennstoffzelle fürs Eigenheim", „KWK-Anlagen im Vergleich", S.7

[8] ebd. „KWK-Anlagen im Vergleich", S.8

2.1 Aufbau einer Brennstoffzelle

Eine einzelne Brennstoffzelle ist sehr einfach aufgebaut. Sie besteht aus einer Anode und einer Kathode und wird durch einen Elektrolyten getrennt. Wird der Anode ein Brenngas (Wasserstoff = H_2) und der Kathode Sauerstoff (O_2) zugeführt, entstehen durch eine elektrochemische Reaktion Wärme und zwischen den Elektroden eine Gleichspannung. Eine einzelne Brennstoffzelle kann nur eine geringe Spannung erzeugen, deshalb werden mehrere Brennstoffzellen zu einem Stapel – auch genannt „Stack"- zusammengefasst und in Reihe geschaltet. Begrenzt werden die Brennstoffzellen durch s.g. Bipolarplatten.[9] Aufgabe der Bipolarplatten ist die elektrische Kontaktierung von Anode und Kathode der benachbarten Zellen sowie die Zu- und Abfuhr der Reaktionsmedien über ihre strukturierte Oberfläche. Um diesen Funktionen gerecht zu werden, müssen Bipolarplatten einen möglichst geringen elektrischen Widerstand sowie eine hohe Korrosionsbeständigkeit aufweisen. Bipolarplatten bestehen heute aus metallischen Werkstoffen bzw. gepresstem Graphit.[10] Das anschließende Schaubild zeigt den Aufbau einer einzelnen Brennstoffzelle.

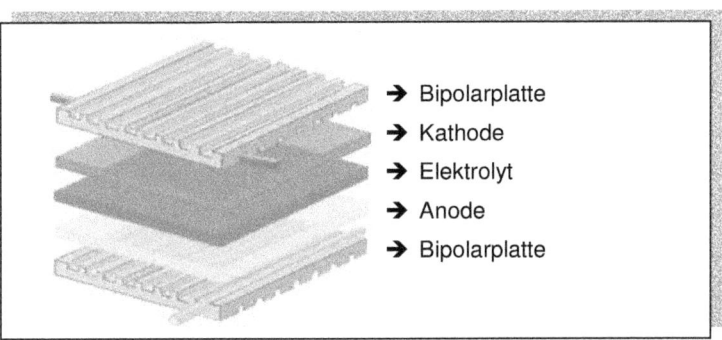

→ Bipolarplatte
→ Kathode
→ Elektrolyt
→ Anode
→ Bipolarplatte

Abbildung 2: Aufbau Brennstoffzelle[11]

[9] Vgl.: http://www.innovation-brennstoffzelle.de/,"Aufbau", (Zugriff am 16.03.2011)

[10] Vgl.: http://www.math-net.org/EE/data/projects/fkz03SF0313D/texts/11.shtml, (Zugriff am 24.03.2011)

[11] Vgl.: Callux-Informationsprogramm,(2011), „Praxistest Brennstoffzelle fürs Eigenheim", „Aufbau Brennstoffzelle", S.3

2.1.1 Brennstoffzellentypen

Es gibt verschiedene Brennstoffzellentypen. Entscheidend für die Klassifizierung sind die verwendeten Elektrolyten. Diese können flüssig oder fest mit Membran-Struktur sein. Da durch den Elektrolyten die beiden Reaktionspartner Sauerstoff bzw. Luft und Wasserstoff getrennt werden, kann dieser die elektrochemische Reaktion steuern. Durch ihn werden auch die spezifischen Eigenschaften der Brennstoffzelle wie Wirkungsgrad und Betriebstemperatur bestimmt. Im Bereich der Hausversorgung kommen vor allem die PEM (Membranbrennstoffzellen) - beziehungsweise PE-Brennstoffzelle sowie SO-Brennstoffzellen zum Einsatz. PEM-Brennstoffzellen arbeiten in einem Temperaturbereich zwischen 60 und 70 Grad Celsius, womit die Anforderungen für Heizzwecke gut erfüllt sind. Kommt als Trägermedium Erdgas zum Einsatz, muss bei diesem Typ der notwendige Wasserstoff zunächst in einem externen Reformer erzeugt werden. Die SO-Brennstoffzelle arbeitet mit einem Elektrolyten aus fester Keramik, in einem Temperaturbereichen zwischen 800 und 1.000 Grad Celsius. Vor der Inbetriebnahme muss dieser Brennstoffzellentyp vorgeheizt werden. Ihr Einsatz ist sinnvoll, wenn lange Laufzeiten ohne Unterbrechungen möglich sind. Da die Reformierung innerhalb der Zelle stattfindet, kann dieser Brennstoffzellentyp Erdgas direkt verwenden.[12]

---

[12] Vgl.: http://www.callux.net, Callux-Informationsprogramm,(2011), „Praxistest Brennstoffzelle fürs Eigenheim", „Funktionsweise Brennstoffzelle", S.4

2.2 Funktionsweise von Brennstoffzellen - Energiewandlung statt Energieverbrennung

Auf der Grundlage eines elektrochemischen Prozesses wandeln Brennstoffzellen die in einem Energieträger gespeicherte chemische Energie in elektrische Energie und Wärme um. Für den Betrieb von Brennstoffzellen wird Wasserstoff benötigt. Es können theoretisch alle Energieträger genutzt werden, die in ihren chemischen Verbindungen einen relevanten Wasserstoffanteil aufweisen. Dieser Energieträger ist häufig Erdgas.[13]

Da die frei gesetzte Wärme abgeführt werden muss, können Brennstoffzellen in Brennstoffzellen-Heizsystemen genutzt werden. Im Energiewandlungsprozess selbst entstehen dabei keine umweltschädlichen Abgase. Das anschließende Schaubild zeigt die Vorgänge während des elektrochemischen Prozesses.

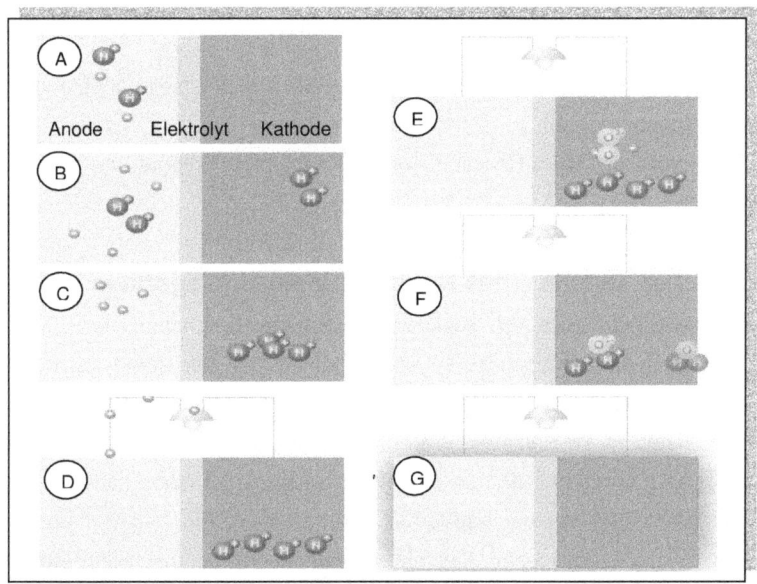

Abbildung 3: Funktionsweise einer Brennstoffzelle[14]

---

[13] Vgl.: Callux-Informationsprogramm,(2011), „Praxistest Brennstoffzelle fürs Eigenheim", „Funktionsweise Brennstoffzelle", Energieträger Wasserstoff, S.3

[14] Vgl.: Callux-Informationsprogramm,(2011), „Praxistest Brennstoffzelle fürs Eigenheim", „Funktionsweise Brennstoffzelle"(Videozusammenschnitt), S.4

(A) Brennstoffzellen bestehen im Wesentlichen aus einer Anode (in der Abbildung gelb), einer Kathode (in der Abbildung blau) und einem Elektrolyten (in Abbildung grau). Für den Betrieb der Zelle wird der Anode ständig Wasserstoff zugeführt. Durch den Einsatz eines Katalysators teilt sich der Wasserstoff in positiv geladene Wasserstoff-Ionen und negativ geladene Elektronen.

(B) Nach ihrer Aufspaltung wandern die Wasserstoff-Ionen von der Anode durch den für sie durchlässigen Elektrolyten zur Kathode und verursachen dort ein Elektronendefizit.

(C) Da der Elektrolyt für die Elektronen einen Isolator darstellt, können diese nicht auf die Kathodenseite wechseln, verbleiben demnach auf der Anodenseite und verursachen dort einen Elektronenüberschuss. Spannung baut sich auf.

(D) Durch die Verbindung von Anode und Kathode über einen elektrischen Leiter, fließen die Elektronen auf der Anodenseite hinüber zur Kathode und bilden einen elektrischen Strom.

(E-F) Unter der Zuführung von Sauerstoff reagieren die an der Kathodenseite angelangten Elektronen mit den Wasserstoff-Ionen zu reinem Wasser.

(G) Durch die elektrochemische Reaktion wird elektrische Energie in Wärme umgewandelt.[15]

2.3 Die technischen Details eines Brennstoffzellen-Heizgerätes

Ein Brennstoffzellen-Heizgerät setzt sich zusammen aus einer Brennstoffzellen-Einheit (BZE), einem Zusatzheizgerät und einer BZH-Systemregelung. Mit der Brennstoffzellen-Einheit wird die Grundlast des Strom- und Wärmebedarfs eines Gebäudes abgedeckt. Zur Abdeckung der Bedarfsspitzen im Heiz- und Warmwasserbetrieb kommt ein zusätzliches, konventionelles Heizgerät hinzu (in z.B. ein Gas-Brennwertgerät). Dieses kann in das Brennstoffzellen-Heizgerät integriert oder außerhalb platziert sein. Für den Betrieb der Brennstoffzelle eignen sich Erdgas oder Wasserstoff. Wasserstoff kann bislang jedoch noch nicht wirtschaftlich und in großem Umfang aus erneuerbaren Energien erzielt werden. Auch fehlt bislang die erforderliche Infrastruktur für dessen Nutzung.

---

[15] Vgl.: http://www.callux.net, Callux-Informationsprogramm, „Praxistest Brennstoffzelle fürs Eigenheim", „Die Komponenten im Überblick", S.3ff.

Aus diesem Grund kommt primär Erdgas zum Einsatz. Das für die elektrochemische Wandlung benötigte wasserstoffreiche Gas wird in modernen Brennstoffzellen-Einheiten im Reformer aus dem Erdgas gewonnen.[16]

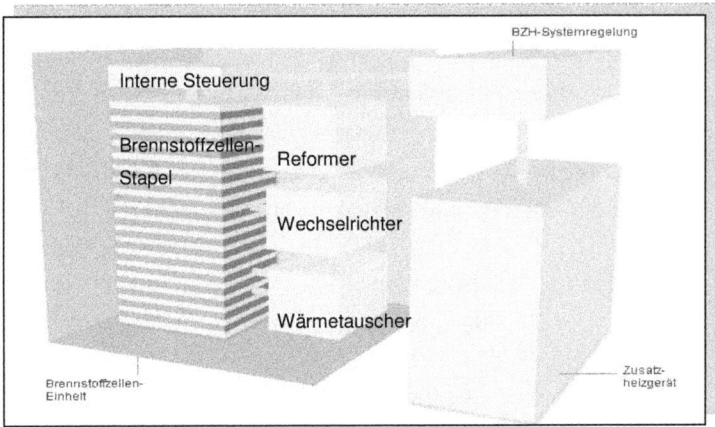

Abbildung 4: Aufbau eines Brennstoffzellen-Heizgerätes[17]

Die Brennstoffzellen-Einheit:

Die Brennstoffzellen-Einheit ist das eigentliche Kraft-Wärme-Kopplungsaggregat. Sie besteht in ihren Grundelementen aus:

- Brennstoffzellen-Stapel,
- Reformer,
- Wechselrichter,
- Wärmetauscher sowie einer
- internen Steuerung.

---

[16] Vgl.: ebd.

[17] Vgl.: http://www.callux.net, Callux-Informationsprogramm,(2011), „Praxistest Brennstoffzelle fürs Eigenheim", „Die Komponenten", S.2

Der Brennstoffzellen-Stapel:

Wie bereits erwähnt, kann eine einzelne Brennstoffzelle nur eine geringe Spannung von ca. 0,7 Volt erzeugen. Deshalb werden mehrere Brennstoffzellen zu einem Zellenstapel („Stack") zusammengefasst und in Reihe geschaltet. Ein typischer Stack für Brennstoffzellen-Heizgeräte mit 1 kW elektrischer Leistung (für ein Einfamilienhaus) besteht aus etwa 60 einzelnen Brennstoffzellen. So kann die in der Haustechnik benötigte Spannung erreicht werden. Im Brennstoffzellen-Stapel wird Wasserstoff in Strom und Wärme gewandelt. Der entstehende Gleichstrom wird zum Wechselrichter geführt. Die gebildete Wärme durchläuft einen Wärmetauscher und wird zur Beheizung und Warmwasserbereitung verwendet. Während diesem Prozess fällt Wasser an.

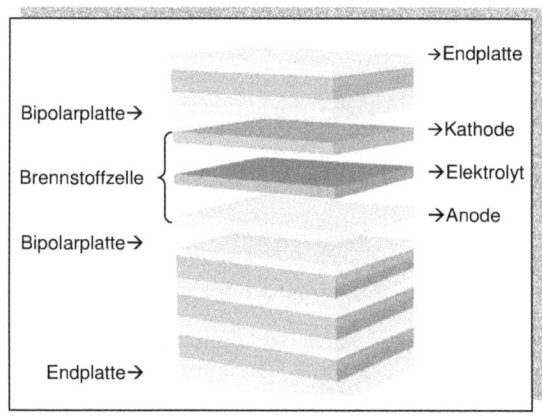

Abbildung 5: Aufbau Brennstoffzellen-Stapel[18]

---

[18] Vgl.:Callux-Informationsprogramm,(2011), „Praxistest Brennstoffzelle fürs Eigenheim", „Der Brennstoffzellen-Stapel: gebündelte Energie, S.6

„,

Reformer:

Der für den Betrieb der Brennstoffzelle eingesetzte Brennstoff, Erdgas, muss zunächst aufbereitet werden, um im Ergebnis ein wasserstoffreiches Gas zu erhalten. Dazu findet die s.g. Entschwefelung statt. Die Reformierung im eigentlichen Sinne beinhaltet die anschließende Trennung des Wasserstoffs von weiteren Gasbestandteilen. In der darauf folgenden s.g. Shift-Reaktion erfolgt die Umsetzung von nicht vollständig umgesetztem Kohlenmonoxid in Kohlendioxid und Wasserstoff. Dabei finden die Aufbereitungsschritte bei einer SO-Brennstoffzelle teilweise innerhalb des Stapels (interne Reformierung) statt und bei der PEM-Brennstoffzelle ist für diesen Vorgang ein eigener Reformer nötig.

Wechselrichter:

Der im Brennstoffzellen-Stapel erzeugte Gleichstrom niedriger Spannung (rund 35 bis 80 V DC) wird im Wechselrichter in netzkonformen Wechselstrom (230 V/50 Hz AC) umgewandelt. Der Strom kann entweder zum Eigenbedarf genutzt oder in das Versorgungsnetz eingespeist werden.

Wärmetauscher:

Zur Kühlung der Brennstoffzelle muss die bei der elektrochemischen Wandlung anfallende Wärme abgeführt werden. Dies erfolgt, indem die Brennstoffzellen-Stapel von einem Kühlmedium durchzogen werden. Dieses Kühlmedium gibt die aufgenommene Wärmeenergie anschließend in einem Wärmetauscher an das Heizsystem des Gebäudes ab. Durch die Kühlung werden die Zellen geschont und gleichzeitig ein Spannungsabfall wegen zu hoher Temperaturen vermieden.

Interne Regelung der Brennstoffzellen-Einheit:

Die interne Regelung dient einem sicheren und effizienten Betrieb der Brennstoffzelleneinheit während des Anfahr-, Abfahr- und Normalbetriebs. Treten Abweichungen oder Störungen auf, werden automatisch Maßnahmen oder notfalls die Abschaltung des Gerätes eingeleitet. Sie ist auch für die Regelung des Zusammenwirkens aller internen Abläufe zuständig und überwacht beispielsweise die Temperaturverläufe im Reformer-Modul. Außerdem findet ein Informationsaustausch mit der BZH-Systemregelung statt.

Zusatzheizgerät:

Da es aus ökonomischer Sicht nicht zweckmäßig wäre Brennstoffzellenheizgeräte zur Deckung thermischer Bedarfsspitzen auszulegen, werden Brennstoffzellen-Heizgeräte mit einem Zusatzheizgerät kombiniert. So übernimmt das Brennstoffzellen-Heizgerät die Deckung des Grundbedarfs und wird ebenso wie das Zusatzheizgerät von der BZH-Systemregelung zentral gesteuert. Diese veranlasst das bedarfsgerechte An- und Abschalten des Geräts. Die Voreinstellungen der Systemregelung sieht es vor, dass das Zusatzheizgerät so wenig wie möglich eingesetzt wird.

Wärmespeicher:

Die durch das Brennstoffzellen-Heizgerät erzeugte Menge an Strom und Wärme werden in der Praxis selten im selbigen Verhältnis durch den Verbraucher in Anspruch genommen. Um die erzeugte Wärme also im Bedarfsfall auch zuverlässig zur Verfügung zu haben, muss sie effizient gespeichert werden (Unterscheidung Trinkwarmwasserspeicher, Pufferspeicher für das Heizwasser und Kombispeicher).

BZH-Systemregelung:

Die Regelung aller Abläufe des Brennstoffzellen-Heizgerätes intern als auch extern übernimmt die BZH-Systemregelung. Durch die Sicherstellung eines optimalen Betriebszustandes des Gerätes wird der gewünschte Wärmekomfort gewährleistet und ein effizienter und wirtschaftlicher Betrieb des Brennstoffzellen-Heizgerätes ermöglicht. Unnötiges An- und Abfahren würde sich beispielsweise negativ auf die Wirtschaftlichkeit des Gerätes auswirken. Weiterhin garantiert die BZH-Systemregelung, bei externer Anbindung, den Datenaustausch mit einer Leitzentrale sowie den Abruf des Kundendienstes im Störungsfall.[19] Nachdem alle notwendigen technischen Details erörtert wurden, soll nun näher auf deren Entwicklungsstand und ihren Beitrag zu einem nachhaltigeren Energiesystem eingegangen werden.

---

[19] Vgl.: ebd.

2.4 Ergebnisse der Recherche führender Gerätehersteller

„Nachhaltigkeit bedeutet die Auseinandersetzung mit den Verfahren der Wärmeenergieerzeugung unter der Maßgabe permanenter Einsparung von Brennstoffen fossiler Natur"[20]

Brennstoffzellen stellen zum jetzigen Zeitpunkt noch kein standardisiertes Produkt zur Wärmeenergieerzeugung dar. Ziel der Entwicklungsarbeit und Testreihen seitens der Produkthersteller ist es, ein zuverlässig arbeitendes Brennstoffzellen-Heizgerät zur Erzeugung von Wärme und Strom auf den Markt zu bringen. Das Brennstoffzellen-Heizgerät sollte nach Möglichkeit eine Standzeit von 40 000 Betriebsstunden, d. h. eine Lebensdauer von ca. 10 bis 15 Jahren erreichen.[21]

Einen Beitrag zur Erreichung der gesteckten Ziele leisten das NIP-Programm und das "Callux"-Projekt. Das NIP-Programm (Nationalen Innovationsprogramms Wasserstoff-und Brennstoffzellentechnologie)wurde im Jahr 2007 gestartet und soll über zehn Jahre laufen. Bis 2015 soll eine weitere Erhöhung der Wirkungsgrade und Lebensdauer sowie eine Reduzierung der Gesamtkosten erreicht werden. Ab 2012 wird mit einer Serienfertigung gerechnet.

„Callux, der bundesweit größte Praxistest von Brennstoffzellen-Heizgeräten fürs Eigenheim, ist ein Projekt, das gemeinsam von Partnern aus der Energiewirtschaft und Heizgeräteindustrie mit Unterstützung des Bundesministerium für Verkehr, Bau und Stadtentwicklung (BMVBS) verfolgt wird. Im Rahmen des Nationalen Innovationsprogramms Wasserstoff-und Brennstoffzellentechnologie, das von der NOW GmbH koordiniert wird, investiert die Industrie gemeinsam mit dem BMVBS eine Milliarde Euro, um den Einsatz der innovativen Technologie voranzutreiben."[22]

---

[20] Auszug aus Aufgabenstellung
[21] Vgl.: http://www.ikz-energy.de/heftarchiv/heft-ikz-energy-6-2009/single-view/article/entwicklungsstand-bei-brennstoffzellen-heizgeraeten.html, (Zugriff am 26.03.2011)
[22] http://www.callux.net/, (Zugriff am 21.03.2011)

Das Projekt läuft seit 2008 über sieben Jahre und mit über 800 Brennstoffzellen-Heizgeräten, die in Ein- und Mehrfamilienhäusern installiert und im praktischen Betrieb getestet werden. Die Produkthersteller von Brennstoffzellen-Heizgeräten Baxi Innotech, Vaillant und Hexis haben sich zu einem Konsortium vereinigt, welches sich die Markteinführung erdgasbetriebener Brennstoffzellen-Heizgeräte zur Aufgabe gemacht hat.[23] In der folgenden Tabelle sind einige wesentliche Merkmale der Brennstoffzellen-Heizgeräte von drei Geräteherstellern aufgeführt:

Tabelle 2: Brennstoffzellen-Heizgeräte verschiedener Hersteller[24]

Sulzer Hexis Galileo 1000 N	Viessmann Brennstoffzellen-Heizgerät	Vaillant Brennstoffzellen-Heizgerät EURO II
• Brennstoffzellentyp: SOFC • Anwendungsbereich: Ein-und Zweifamilienhaus • Elektrische Leistung: 1 kW • Thermische Leistung Brennstoffzelle 2,5 kW • Brennstoff Erdgas	• Brennstoffzellentyp: PEMFC • Anwendungsbereich: Ein-und Zweifamilienhaus • Elektrische Leistung: 2,5 kW • Thermische Leistung Brennstoffzelle 3,5 kW • Brennstoff Erdgas	• Brennstoffzellentyp: PEMFC • Anwendungsbereich: Mehrfamilienhaus • Elektrische Leistung: 4,6 kW • Thermische Leistung Brennstoffzelle 7 kW • Brennstoff Erdgas

Die Recherche der Ergebnisse führender Hersteller und Partner (Fa. Vaillant, Fa. Viessmann, Fa. Hexis etc.) lässt die Ableitung einiger Aussagen betreffend der Nachhaltigkeit zu. Brennstoffzellen-Heizgeräte benötigen beispielsweise bis zu 25% weniger Primärenergie im Vergleich zur heutigen, konventionellen Heizungstechnik. Bei der Verwendung von Erdgas als Energieträger emittiert sehr wenig CO2.

---

[23] Vgl.: http://www.ikz-energy.de/heftarchiv/heft-ikz-energy-6-2009/single-view/article/entwicklungsstand-bei-brennstoffzellen-heizgeraeten.html, (Zugriff am 26.03.2011)

[24] Vgl.: http://www.fachtagung-mitgas.de/uploads/media/04_Brennstoffzelle_Dr_Krein.pdf, S.3f.,(Zugriff am 26.03.2011)

Im Vergleich mit der Energieerzeugung basierend auf Verbrennung, fallen hier insbesondere auch Schadstoffe, wie Feinstäube, Stickoxide, etc. weg. Ein besonderes Potenzial birgt dabei Wasserstoff als umweltschonender Energiespeicher.[25] Er ist leicht zu transportieren und zu speichern und kann außerdem aus zahlreichen chemischen Verbindungen gewonnen werden. Heutige KWK-Anlagen arbeiten überwiegend mit fossilen Brennstoffen wie Erdgas und Heizöl bzw. Diesel. Brennstoffzellen-Heizgeräte können mit Erdgas oder Wasserstoff betrieben werden und arbeiten deshalb weitaus umwelt- und ressourcenschonender. Gelingt es zukünftig Wasserstoff mit Hilfe erneuerbarer Energien in einem größeren Umfang herzustellen und somit eine Wasserstoffwirtschaft mit geeigneter Infrastruktur aufzubauen, können langfristig möglicherweise die fossilen Energieträger wie Öl und Kohle ersetzt werden. Auch Länder ohne Vorkommen fossiler Energiequellen können eine Wasserstoffversorgung aufbauen und sich damit unabhängiger von Importen machen. Dem gegenüber stehen bislang jedoch noch hohe Kosten und technologische Herausforderungen, die es zu bewältigen gilt. Eine ebenfalls zu lösende Aufgabe liegt in der Entwicklung geeigneter Speichersysteme. Bisher ist die Kraftstoffspeicherung sehr aufwendig. Gasförmiger Wasserstoff wird in einem Drucktank gelagert, wobei die Tanks für 250-350 bar ausgelegt sind. Forschungs- und Entwicklungsarbeiten gehen von Druckverhältnissen um 850 bar aus. Unter hohem Energieaufwand ist es ebenfalls möglich Wasserstoff zu verflüssigen und dann in einem isolierten Kyrobehälter zu lagern.[26] Bis es soweit ist, kommt primär Erdgas zum Einsatz und unter den fossilen Brennstoffen, ist dieser der sauberste. Es lohnt sich auch, wirtschaftliche und soziale Aspekte zur Betrachtung der Nachhaltigkeit heranzuziehen. Erfolgt nämlich die Energieversorgung zunehmend durch erneuerbare Energien und mittels solcher hocheffizienter Systeme, kann auch ein zunehmender Teil der Wertschöpfung im eigenen Land stattfinden. Das wirkt sich wiederum positiv auf Wirtschaft und Entwicklung landesweiter Kompetenzen für die Produktion zukunfts- und wettbewerbsfähiger Produkte aus. Etablierte Gerätehersteller arbeiten eng mit Energieversorgern zusammen, um den Einsatz der Brennstoffzelle zur

---

[25] Vgl.: Callux-Informationsprogramm,(2011), „Praxistest Brennstoffzelle fürs Eigenheim", Vorteile von Brennstoffzellen-Heizgeräten, S.3

[26] Vgl.: http://www.celanese.com/de/fuel_cell_celanese.pdf

Wärmeenergieerzeugung im Versorgungsbereich geringer Leistungen kostengünstiger und damit der breiten Bevölkerung zugänglich zu gestalten.[27]

3. Zeolith- Brennwertgeräte zur Wärmeenergieerzeugung

Eingangs wurde festgehalten, dass allein durch die privaten Haushalte enorm viel Energie zur Beheizung und Warmwasserbereitstellung verbraucht wird. Auch, dass ein erheblicher Anteil dieser Wärme entweder mit Brennwerttechnik bzw. durch konventionelle Heizgeräte und der damit verbundenen Verbrennung fossiler Energieträger erzeugt wird. Die Zeolith-Brennwerttechnik bildet im Bereich der Wärmeenergieerzeugung, wie auch die Brennstoffzelle, eine innovative und ressourcenschonende Lösung. Das zum Einsatz kommende Zeolith-Kompaktgerät bildet eine Kombination aus Brennwertkessel und Adsorptions-Wärmepumpe und verbindet dabei die Vorteile beider Heiztechniken. Zusammen mit dem Lehrstuhl für Technische Thermodynamik der RWTH Aachen entwickelte die Firma Vaillant eine gasbetriebene Adsorptionswärmepumpe, wobei das Stoffsystem auf Wasser als Kältemittel und Zeolith als Sorptionsmittel basiert.

„Prämiert wurde die Zeolith-Gas-Wärmepumpe zeoTHERM, eine Weltneuheit, die Vaillant seit April 2010 vertreibt. Die neue Wärmepumpe ist ein Mehrfachhybridsystem, in dem neben Solarkollektoren und moderner Gas-Brennwerttechnik erstmals das Mineral Zeolith in einem Heizsystem zum Einsatz kommt."[28]

---

[27] Vgl.: http://igwp.de/downloads/igwp_pressematerial_viessmann.pdf, (Zugriff am 23.03.2011)

[28] http://www.gastip.de/News/22000/Gas-Waermepumpe-erhaelt-Preis-fuer-herausragende-Innovation.html, (Zugriff am 21.03.2011)

3.1 Grundprinzip der Brennwerttechnik

Moderne Gas-Brennwerttechnik, wie sie auch in Zeolith-Brennwertgeräten zum Einsatz kommt, erzielt für die Gebäudebeheizung und Warmwasserbereitung bereits enorm hohe Gesamtnutzungsgrade von etwa 95% Die Heiznutzungsgrade sind etwas höher. Dabei verwerten sie die im Erdgas enthaltene Energie fast vollständig. Zusätzlich zum Heizwert des Erdgases nutzen sie die im Wasserdampf des Abgases enthaltene Kondensationswärme. Energie kann so um zehn bis fünfzehn Prozent besser genutzt werden als vergleichsweise im Niedertemperaturkessel. Mit Gas-Brennwerttechnik allein ist eine noch effizientere Ausnutzung kaum zu erreichen.

3.2 Grundprinzip der Wärmepumpe

Die Wärmepumpentechnik ist wesentlicher Bestandteil eines Zeolith- Brennwertgerätes. Bevor also auf die Spezifika der zum Einsatz kommenden Adsorptions-Wärmepumpe eingegangen wird, soll zunächst das Grundprinzip dargelegt werden. Prinzipiell entzieht eine Wärmepumpe dem Außenbereich Wärme und gibt sie als Heizenergie an das Gebäude ab. Dazu pumpt sie die Umweltwärme von einem niedrigen auf ein höheres Temperaturniveau und macht sie dadurch zur Beheizung nutzbar.

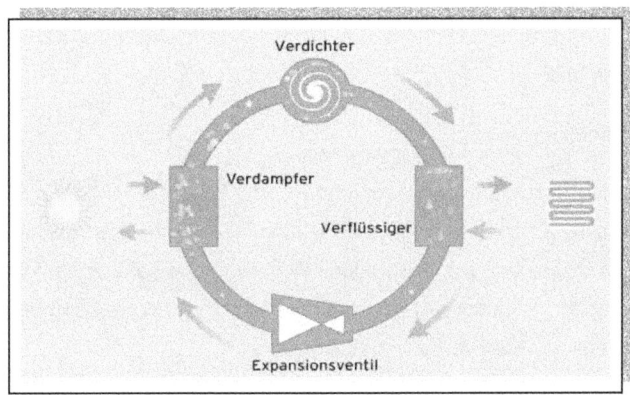

Abbildung 6: Grundprinzip der Wärmepumpe[29]

---

[29] http://www.waermepumpe.de/endverbraucher/die-waermepumpe/technik/kreislauf.html, (Zugriff am 21.03.2011)

Der im Schaubild dargestellte Kreisprozess innerhalb der Wärmepumpe setzt sich aus vier Komponenten zusammen:

• dem Verdampfer,

• dem Verdichter,

• dem Verflüssiger und

• dem Entspannungsventil.

Als Träger für die Wärmeenergie wird ein Kältemittel mit einem sehr niedrigen Siedepunkt eingesetzt. Im Verdampfer nimmt das Kältemittel die Wärme aus der Umwelt auf und geht dadurch in einen gasförmigen Zustand über. Das gasförmige Kältemittel wird innerhalb des Verdichters durch Kompression auf ein höheres Temperaturniveau gehoben. Dazu ist die externe elektrische Energie notwendig. Die umgewandelte Wärmeenergie wird im Verflüssiger dem Heizkreislauf zugeführt. Im Expansionsventil kommt es zur Entspannung vom Kältemittel. Es durchläuft den Kreislauf anschließend erneut.[30]

3.3 Gas-Adsorptionswärmepumpe im Zeolith-Brennwertgerät

Grundsätzlich unterscheidet man zwischen:

• Kompressions-Wärmepumpen,

• Sorptions-Wärmepumpen und

• Vuilleumier-Wärmepumpen.[31]

Sorptionswärmepumpen arbeiten wiederum entweder nach dem Prinzip der Absorption oder Adsorption. Von Interesse für die vorliegende Thematik ist die Adsorptions-Wärmepumpe. Diese basiert im Gegensatz zur Absorptions-Wärmepumpe auf Feststoffen. In diesem Fall das Mineral Zeolith. Ebenso wie alle gängigen anderen Wärmepumpen arbeitet sie in einem Kreisprozess, ähnlich wie zuvor beschrieben.

---

[30] Vgl. :http://www.waermepumpe.de/endverbraucher/diewaermepumpe/technik/kreislauf.html, (Zugriff am 25.03.2011)

[31]Vgl. : http://www.effiziento.de/waermepumpen-bauarten.html, (Zugriff am 25.03.2011)

Der Prozess läuft hier jedoch nicht kontinuierlich sondern in zwei periodischen Phasen ab, die s.g. Desorption und Adsorption. Während der Adsorptionsphase verdampft unter Vakuum das Kältemittel Wasser durch die Zufuhr von Umweltwärme. Dabei nutzen führende Gerätehersteller in ihren Systemen unterschiedliche Quellen.[32] Zu einem späteren Zeitpunkt wird das Fabrikat Vaillant, dieses nutzt Solarwärme, mit dem Fabrikat von Viessmann, welches auf Wärme aus dem Erdreich oder Luft setzt, näher betrachtet. Zunächst sollen jedoch kurz die Besonderheiten des Zeolithes erörtert werden.

3.4 Zeolithe

Zeolithe sind keramikähnliche, umweltverträgliche Mineralien, die nun auch bei Adsorbern zum Einsatz kommen. Die s.g. Zeolith-Sorption ermöglicht es die natürliche Eigenschaft der Wärmeerzeugung von Zeolith mit Wasser für die Beheizung von Gebäuden nutzbar zu machen. Die Bezeichnung Zeolithe verrät bereits viel über dessen nützliche Funktion. Sie stammt aus dem Griechischen und setzt sich zusammen aus „zeo" (ich siede) und „lithos" (Stein). Man bezeichnet sie deshalb auch als Siedesteine. Ihre Struktur ist sehr porös und deshalb eher vergleichbar mit einem dichten Schwamm als mit einem Gestein wie beispielsweise Granit. Für die meisten Anwendungen in der Adsorptionstechnik sind nur synthetisch hergestellte Zeolithe brauchbar. Ihre Adsorptionseigenschaften sind auf ihre zahlreichen, winzigen Poren zurückzuführen - dadurch kann ein Gramm Zeolith eine innere Oberfläche von bis zu einem Quadratkilometer besitzen - sowie auf ihre elektrostatischen Adsorptionskräfte. Die Steine ziehen Wasser stark an und saugen es regelrecht auf. Die Anlagerung des Wasserdampfes an der Oberfläche der Zeolithe bezeichnet man als Adsorption.[33] Im Anschluss wird der in der Adsorptions-Wärmepumpe ablaufende Sorptionsprozess dargestellt.

---

[32]Vgl. : http://igwp.de/downloads/igwp_gas_sonderdruck.pdf, S. 21, (Zugriff am 25.03.2011)

[33] Vgl.: http://www.vaillant.de/anwendungen/ebooks/zeoTHERM/pdf; S.3ff.(Zugriff am 06.03.2011)

3.5 Der Sorptionsprozess

Der Sorptionsprozess findet in zwei aufeinander folgenden Phasen statt. Zum Start der ersten Phase ist die Wärmeenergie aus der Gasverbrennung notwendig. Zur Einleitung der zweiten Phase wird nur die Umweltenergie aus den Solarkollektoren oder einer anderen Umweltwärmequelle benötigt. Zu Beginn des Prozesses sind die Zeolithe bereits mit Wasser gesättigt.

(1) Desorptionsphase:

Die gesättigten Zeolith-Kugeln werden durch den Gasbrenner erhitzt und das an ihnen angelagerte Wasser verdampft. Es desorbiert also und strömt hinunter in den unteren, kälteren Modulteil. Hier kondensiert der Dampf und setzt dabei Wärme in Form von Kondensationswärme frei. Diese wird dem Heizsystem direkt zugeführt. Die Desorptionsphase ist beendet, wenn die Zeolithe wieder trocken und somit das gesamte Wasser im unteren Modulteil angekommen ist. Der Gasbrenner schaltet sich ab und es kommt zur Abkühlung des Moduls.

(2) Adsorptionsphase:

Ist das Temperaturniveau der Zeolith-Kugeln unter das der Umgebung gefallen, wird die Wärme aus den Solarkollektoren hinzugefügt und das Wasser verdampft (Im Vakuum reichen dazu bereits 3°C in den Kollektoren aus. Di ese werden selbst bei Minusgraden im Außenbereich erreicht). Dieser Wasserdampf strömt anschließend wieder in den oberen Moleküteil und wird durch das Zeolith adsorbiert. Adsorptionswärme wird frei gesetzt und kann wiederum direkt zur Beheizung genutzt werden. Der Prozess beginnt anschließend von vorn und erzeugt während dessen kontinuierlich Wärme. Da die Adsorption ganz ohne Verbrennung abläuft, entstehen auch keine Emissionen. Die anschließende Abbildung veranschaulicht noch einmal beide Phasen.[34]

---

[34] Vgl.: http://www.vaillant.de/anwendungen/ebooks/zeoTHERM/pdf; S.8,(Zugriff am 06.03.2011)

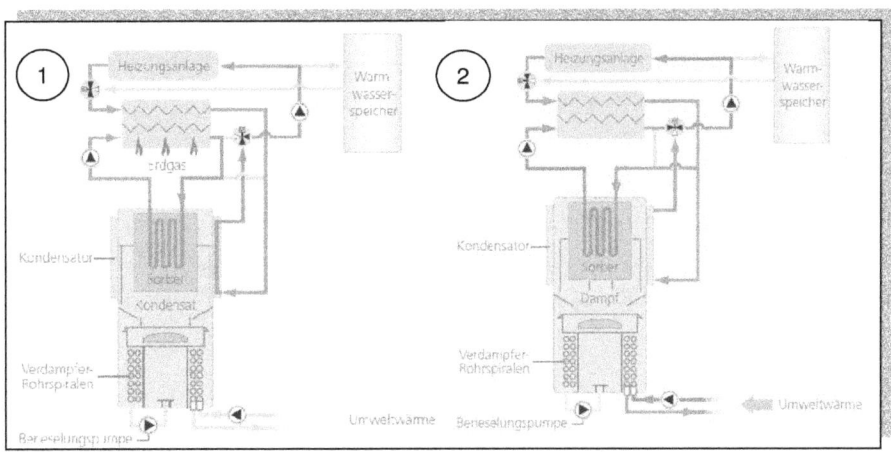

Abbildung 7: Desorption und Adsorption[35]

3.6 Wesentliche Bestandteile des Zeolith-Brennwertgerätes

Ein Zeolith-Kompaktgerät setzt sich im Wesentlichen aus den Komponenten:

- Gaswärmepumpe,
- Solarkollektoren, Erdsonde etc. (abhängig vom System)
- Speicher und
- Anschlusszubehör zusammen.

Dabei ist das Kompaktgerät aufgeteilt in eine oben liegende Gas-Brennwerteinheit und das darunter liegende Zeolith-Modul. Da die Zeolithe eine unbegrenzte Lebensdauer besitzen, versprechen die Gerätehersteller eine lebenslange Wartungsfreiheit des Moduls. Im Zeolith-Modul befindet sich der obere Lamellenwärmetauscher(Adsorber/ Desorber). Dort ist das Sorptionsmittel Zeolith lose geschichtet. Der untere Wärmetauscher (Kondensator/ Verdampfer) enthält als Kältemittel Wasser. Das Zeolith-Modul ist luftdicht verschlossen und arbeitet bei Unterdruckverhältnissen zwischen 5 und 200 mbar.

---

[35] http://lgwp.de/downloads/igwp_gas_sonderdruck.pdf, S.16, (Zugriff am 25.03.2011)

Der s.g. Primärkreis teilt sich beim Zeolith-Brennwertgerät in einen oberen und einen unteren Primärkreis, dessen Steuerung ein selbstregulierendes Umschaltventil übernimmt. Auch die Heizungs- und Solarpumpe sind im Gerät integriert.[36]

3.7 Ergebnisse der Recherche führender Gerätehersteller

Die Gas-Wärmepumpentechnologie gilt als gelungene Weiterentwicklung moderner und bereits sehr effizienter Gasbrennwerttechnik. Durch die zusätzliche Nutzung regenerativer Energien, kann der CO_2-Aussoß durch die zusätzliche Nutzung regenerativer Energie im Vergleich zur Erdgas-Brennwerttechnik noch einmal um bis zu 20% reduziert werden.[37]

„Erdgas ist unter den konventionellen Energieträgern bekanntermaßen derjenige mit den niedrigsten Emissionen. Gaswärmepumpen kombinieren den Brennstoff mit Umweltwärme aus Erde, Sonne, Luft oder Wasser. Dies eröffnet neue ökologische Perspektiven für die Wärmeversorgung von Ein-, Zwei- und Mehrfamilienhäusern."[38]

Erdgas wird als ökologisch sinnvoll erachtet, da er sehr sauber und fast vollständig verbrennt. Dadurch verursacht er kaum Emissionen. Weiterhin ist Erdgas annähernd frei von schwefel und Schwermetallen und deshalb für Mensch und Umwelt ungiftig. Auch beispielsweise im Vergleich mit Heizöl besitzt Erdgas ökonomisch betrachtet wesentliche Vorteile, da es sparsamer im Verbrauch ist und weder Lager- noch Transportkosten verursacht.[39]

Gaswärmepumpen besitzen großes Zukunftspotenzial. Einer aktuellen Studie zu Folge ist ein anfängliches Volumen von 4.000 Anlagen pro Jahr realistisch. Im Jahr 2020 sollen es bei erfolgreicher Weiterentwicklung und Kostensenkung schon rund 50.000 Anlagen jährlich möglich.

---

[36]Vgl.:http://www.vaillant.de/Heizung-finden/Technik-verstehen/Ratgeber   Zeolith/article/Wie_funktioniert_Heizen_mit_Zeolith.html, (Zugriff am 06.03.2011)

[37] http://igwp.de/downloads/igwp_gas_sonderdruck.pdf, S.3

[38] http://igwp.de/downloads/igwp_gas_sonderdruck.pdf(01/2011), S.16, (Zugriff am 25.03.2011)

[39] Vgl.: http://www.vaillant.de/anwendungen/ebooks/zeoTHERM/pdf; S.6,(Zugriff am 06.03.2011)

Voraussetzung für solche Ergebnisse sind einerseits geeignete Rahmenbedingungen (gesetzlichen Richtlinien) sowie eine anfängliche staatliche Förderung, denn zur Erreichung der Klimaschutzziele leisten sie offensichtlich einen erheblichen Beitrag.[40] Die Gas-Wärmepumpe befindet sich derzeit an der Spitze der Entwicklung effizienter Gas-Heizsysteme, wie die anschließende Grafik veranschaulicht:

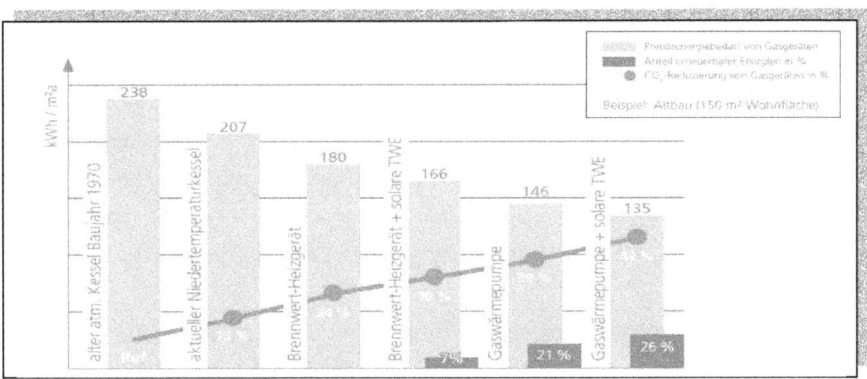

Abbildung 8: Graphische Übersicht zur ökologischen Weiterentwicklung der Gas-Heiztechnik[41]

Sie benötigt den geringsten Anteil an Primärenergie und nutzt gleichzeitig 26 Prozent erneuerbare Energien, (In der Grafik ist das Beispiel Solar). Verglichen mit einem altmodischen Kessel kann eine Reduzierung des CO_2-Ausstoßes um 43 Prozent erreicht werden. Doch wie eingangs dargestellt ist Gas-Wärmepumpe eben nicht gleich Gas-Wärmepumpe. Die Fabrikate der recherchierten Gerätehersteller (Es handelt sich dabei ausschließlich um eine Auswahl einiger führender Hersteller, ohne den Anspruch auf Vollständigkeit) Vaillant, Viessmann, Buderus und Robur unterscheiden sich nicht nur teilweise in der Betriebsart der zum Einsatz kommenden Wärmepumpen und der herangezogenen Umweltenergiequellen sowie verwendeter Kälte- und Ad- bzw. Absorptionsmittel, sondern auch hinsichtlich vieler technischer Details, wie Auslegung, Nennwärmebelastung oder auch technischer Entwicklungsstand.

---

[40]Vgl.: gas- Die Zeitschrift für Energieberatung und Gerätetechnik, (2011), „Sonderdruck Gaswärmepumpe", S.24

[41] http://igwp.de/downloads/igwp_gas_sonderdruck.pdf, (01/2011), S.26, (Zugriff am 25.03.2011)

Die beiden Gerätehersteller Vaillant und Viessmann verwenden in ihren Geräten die Adsorptions-Wärmepumpentechnik, die im Kompaktsystem eines Zeolith-Brennwertgerätes Anwendung findet. Diese werden deshalb näher betrachtet und hinsichtlich ihres Beitrages zur Schaffung eines nachhaltigen Systems zur Wärmeenergieerzeugung im Versorgungsbereich geringer Leistungen (bis etwa 50kW) beurteilt. Wie bei Brennstoffzellen-Heizgeräten die Brennstoffzelleneinheit, deckt hier das Wärmepumpenmodul die Grundlast des Gebäudewärmebedarfs und nutzt dazu kostenlose Umweltwärme. Nur zur Deckung der Leistungsspitzen kommt das integrierte Gas-Brennwertgerät zum Einsatz (Es gibt auch Lösungen mit Öl-Brennwerttechnik). Es werden so die beiden fortschrittlichen Technologien miteinander vereint - bewährte Gas-Brennwerttechnik und das Zeolith-Sorptions-Verfahren. Es scheint das bislang fortschrittlichste System zur Wärmeenergieerzeugung für Einfamilienhäuser zu sein.

In der auf nachfolgender Seite abgebildeten Tabelle sind die wesentlichen Eigenschaften der Zeolith-Brennwertgeräte der Fa. Viessmann und Vaillant zusammengefasst.

Tabelle 3: Vergleich Adsorptions-Wärmepumpen vom Fabrikat Viessmann & Vaillant[42]

Vaillant Adsorptions-Wärmepumpe zeoZHERM	Viessmann Adsorptions-Wärmepumpe Vitosorp 200-F
• Eingesetztes Kältemittel: H_2O	• Eingesetztes Kältemittel H_2o
• Adsorptionsmittel: Zeolith	• Adsorptionsmittel: Zeolith
• Nennwärmebelastung 4,5 -10 kW für Heizung und WW	• Nennwärmebelastung < 10 kW für Heizung und WW
• Status: Labortest/Felderprobung	• Status: Entwicklungsphase/ Labortest
• Einsatzbereich: Doppelhaushälfte/Einfamilienhaus Neubau	• Einsatzbereich: Doppelhaushälfte/ Einfamilienhaus Neubau[43]
• Leistungsbereich: 1,5 bis 10 kW modulierend	• Leistungsbereich:1,6 bis 16 kW modulierend
• Max. Vorlauftemperatur: empfohlen bis 40 Grad (Trinkwasser 75 Grad)	• Max. Vorlauftemperatur: 75 Grad (empfohlen: <40 Grad)
• Umweltwärmequelle: Solar	• Umweltwärmequelle: Erdreich, Luft
• Aufstellung: innen	• Aufstellung: innen
• Einsatzbereiche: Einfamilienhäuser (Neubau, Bestand)	• Einsatzbereiche: Ein- und Zweifamilienhäuser(Neubau, Bestand)
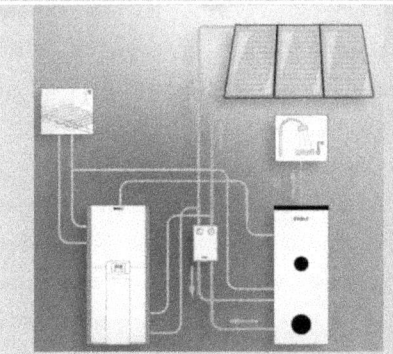	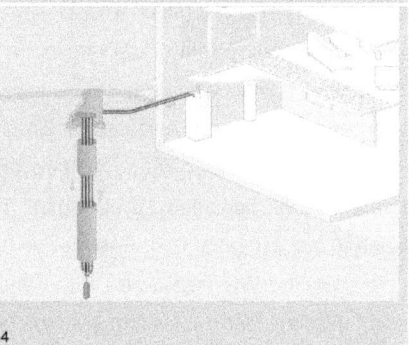 44

42 Vgl.: http://www.bdew.de/bdew.nsf/id/Termine_Berlin/$file/090505_Koschowitz.pdf, S.33f.

Vgl.: http://igwp.de/downloads/igwp_gas_sonderdruck.pdf, (01/2011),S.16-23, (Zugriff am 25.03.2011)

http://igwp.de/downloads/igwp_gas_sonderdruck.pdf, (01/2011), S.26, (Zugriff am 25.03.2011)

Beide Geräte sind für den Versorgungsbereich geringerer Leistungen und deshalb ideal für den Einsatz in Ein- und Zweifamilienhäusern. Die verwendeten Kältemittel H_2O sowie das Adsorptionsmittel Zeolith sind weder giftig noch belasten noch belasten sie die Umwelt, wie in den vorangegangenen Ausführungen erörtert wurde. Beide Geräte arbeiten modulierend, das bedeutet, dass das Brennwertgerät sich stufenlos dem Energiebedarf anpasst. Im Vergleich zu ein- oder zweistufigen Geräten, werden dadurch sehr viel weniger Startemissionen verursacht. In Folge dessen wird Brennstoff gespart. Die niedrigen Vorlauftemperaturen der Geräte wirken sich positiv auf die Effizenz des Gesamtsystems aus. Die Adsorptionspumpen arbeiten mit unterschiedlichen Wärmequellen, während das Produkt von Vaillant auf Solarunterstützung setzt, wird bei beim Vergleichsprodukt Umweltwärme aus dem Erdreich bzw. der Luft genutzt.

Als primäre Antriebsenergie verwenden die Gaswärmepumpen Erdgas. Bei der Vitosorb 200-F wird alternativ auch die Integration eines Öl-Brennkessels angeboten. Einen erheblichen Teil ihrer Leistung beziehen sie allerdings aus Umweltwärme. Im Gegensatz zu Kompressions-Wärmepumpen, die mit einem elektrisch betriebenen Verdichter arbeiten, benötigt das Zeolith-Wärmepumpenmodul keinen elektrischen Strom, sondern arbeitet in einen thermisch betriebenen Kreisprozess mit einem Zeolith/Wasser-Zweistoffsystem. Durch diese zusätzliche Einbindung von Wärme aus der Umwelt erreichen die Zeolith-Brennwertgeräte noch einmal einen höheren Wirkungsgrad als ein herkömmliches Brennwertgerät und leisten damit einen erheblichen Beitrag zur Weiterentwicklung zu noch effizienterer Brennwerttechnik.[45]

Wie effizient dabei allein Wärmepumpen arbeiten lässt sich unter anderem an der s.g. Jahresarbeitszahl bewerten. Diese gibt Auskunft über das Verhältnis der erzielten Heizenergie zur „eingekauften" Energie, demnach Strom oder Gas. Mit einem Beispielwert für die Elektro-Wärmepumpe von 4,0 und der vergleichsweise geringeren Jahresarbeitszahl der Gas-Wärmepumpe von 1,3, scheint die Elektro-Wärmepumpe zunächst das bessere Ergebnis zu erzielen. Doch in der Wertschöpfungskette, ist Strom primärenergetisch schlechter einzustufen als Gas, so dass die tatsächliche Effizienz beider Wärmepumpen ähnlich hoch ist.

---

[45]Vgl. : http://www.ltt.rwthaachen.de/forschung/sorptionstechnologie/sorptionstechnologie/project/Modulare_Adsorptionswaermepumpe/

Vergleicht man die Elektro-Wärmepumpe mit der Zeolith-Wärmepumpe. Hinsichtlich der jeweils benötigten Primärenergie zum Erzielen von 100 kWh Heizwärme, so benötigt die Zeolith-Wärmepumpe nur 101 kWh Primärenergie während es bei der Elektro-Wärmepumpe 148 kWh sind. Ursache dafür sind die enormen Energieverluste bei der Stromproduktion sowie dem Transport. Diese sind bei Gas nahezu verlustfrei. Bloß bei der Verbrennung entsteht ein geringer Wärmeverlust durch Abgas. Dahingehend arbeitet eine gasbetriebene Wärmepumpe also unter Umständen effizienter als eine Elektro-Wärmepumpe. Durch die zusätzliche Kombination mit solarer Warmwasserbereitung durch die integrierten Solarflachkollektoren spart das Gesamtsystem noch einmal 20 Prozent an Energie und ebensoviel CO_2-Emissionen gegenüber heutiger Brennwerttechnik ein. (am Beispiel zeoTHERM von Fa. Vaillant)[46]

4. Fazit

In den vorangegangenen Ausführungen wurde auf der Grundlage aktueller Dokumentationen, veröffentlichter Studien sowie grundlegender Fachliteratur versucht, den Einsatz von Brennstoffzellen sowie Zeolith-Brennwertgeräten zur Wärmeenergieerzeugung, zu erörtern. Besondere Aufmerksamkeit galt dabei dem Versorgungsbereich geringer Leistungen und die gleichzeitige Auseinandersetzung mit der Nachhaltigkeit beider Systeme. In den Kapiteln wurden die wichtigsten Ergebnisse jeweils zusammengefasst. Abschließend sollen deshalb lediglich einige Kernaussagen noch einmal aufgegriffen werden. Sowohl die Brennstoffzelle als auch die Zeolith-Brennwerttechnik können als zukunftsträchtige, effiziente und besonders umwelt- und ressourcenschonende Technologien bewertet werden. Die Systeme decken die Grundlast des Wärmebedarfs eines Gebäudes weitestgehend emissionsfrei. Die Verbrennung fossiler Energieträger, in dem Fall vordergründig Erdgas, erfolgt ausschließlich zur Deckung der Spitzenlasten. Hier konnte festgehalten werden, dass es sich bei Erdgas um den saubersten Energieträger unter den fossilen Brennstoffen handelt. Er verbrennt fast vollständig und somit emissionsarm. Der zum Betrieb der Brennstoffzelle benötigte

---

[46] Vgl.: http://www.vaillant.de/anwendungen/ebooks/zeoTHERM/pdf; S.5ff.(Zugriff am 06.03.2011)

Wasserstoff, kann aus zahlreichen chemischen Verbindungen gewonnen werden und in Zukunft möglicherweise aus erneuerbaren Energien im großtechnischen Maßstab generiert werden. Beide Systeme beinhalten wesentliche Vorteile, wenn es darum geht, Brennstoffe fossiler Natur einzusparen und die CO2- sowie andere Schadstoff-Emissionen zu mindern.

Quellenverzeichnis

Bücherquellen:

/1/ Kurzweil, Peter/ Brennstoffzellentechnik - Grundlagen, Komponenten, Systeme, Anwendungen. Wiesbaden. GWV Verlage GmbH, 2003

Veröffentlichungen/ Dokumentationen:

/2/ Bundesministerium für Umwelt, N. u. (2005). *Kleine Kraft-Wärme-Kopplung für den Klimaschutz.* Berlin: Hrsg. Bundesministerium für Umwelt, Naturschutz und Reaktorsicherheit

/3/ Callux. (2011). Callux-Informationsprogramm, *dem Praxistest Brennstoffzelle fürs Eigenheim.*

/4/ gas *"Die Zeitschrift für Energieberatung und Gerätetehnik"* Gaswärmepumpe. (01/2011). Sonderdruck:Gaswärmepumpen.

/5/ BMU. *Informationen zum Erneuerbare Energien Wärmegesetz (EEWärmeG).* bmu.de/files/pdfs/allgemein/application/pdf/daten_fakten_eewaermeg_2008.pdf

Internetquellen:

/6/ Callux-Partner. (28. 09 2010). *http://www.callux.net/.* Abgerufen am 18. 03 2011 von http://www.callux.net/home.Medien.html

/7/ *http://igwp.de.* Abgerufen am 23. 03 2011 von http://igwp.de/downloads/igwp_pressematerial_viessmann.pdf

/8/ *http://igwp.de.* (01/ 2011). Abgerufen am 24. 03 2011 von
http://igwp.de/downloads/igwp_gas_sonderdruck.pdf

/9/ *http://www.effiziento.de.* Abgerufen am 25. 03 2011 von
http://www.effiziento.de/waermepumpen-bauarten.html

/10/ *http://www.gastip.de.* (29. 04. 2010). Abgerufen am 20. 03 2011 von
http://www.gastip.de/News/22000/Gas-Waermepumpe-erhaelt-Preis-fuer-
herausragende-Innovation.html

/11/ *http://www.ikz-energy.de.* Abgerufen am 26. 03 2011 von http://www.ikz-
energy.de/heftarchiv/heft-ikz-energy-6-2009/single-view/article/entwicklungsstand-bei-
brennstoffzellen-heizgeraeten.html

/12/ *http://www.ltt.rwth-aachen.de.* Abgerufen am 13. 03 2011 von http://www.ltt.rwth-
aachen.de/forschung/sorptionstechnologie/sorptionstechnologie/project/Modulare_Ads
orptionswaermepumpe/

/13/ *http://www.math-net.org.* Abgerufen am 20. 03 2011 von http://www.math-
net.org/EE/data/projects/fkz03SF0313D/texts/11.shtml

/14/ *http://www.neue-energien-forum-feldheim.de.* Abgerufen am 21. 03 2011 von
http://www.neue-energien-forum-
feldheim.de/index.php?option=com_content&view=article&id=51&Itemid=57&lang=de

/15/ *http://www.waermepumpe.de.* Abgerufen am 06. 03 2011 von
http://www.waermepumpe.de/endverbraucher/die-waermepumpe/technik/funktion.html

/16/ *http://www.bmu.de.* Umwelt, (06. 06 2008). Abgerufen am 18. 03 2011 von
http://www.bmu.de

/17/ Vattenfall. *http://www.innovation-brennstoffzelle.de/*. Abgerufen am 16. 03 2011 von
http://www.innovation-brennstoffzelle.de/: http://www.innovation-brennstoffzelle.de/

/18/ *http://www.vaillant.de.* Abgerufen am 07. 03 2011 von
http://www.vaillant.de/anwendungen/ebooks/zeoTHERM/pdf

Anhang 1: Exzerpt

Recherche der Fachliteratur unter besonderer Berücksichtigung von Dokumentationen der Gerätehersteller.

Anja Skonieczny (3. Fachsemester Master Facility- und Immobilienmanagement) Seminar: Nachhaltige Gebäudetechnik Dozent: Prof. Dr.- Ing. Reinhard Reimann	Datum: 27.03.2011

Thema: Der Einsatz von Brennstoffzellen und von Zeolith-Brennwertgeräten zur Wärmeenergieerzeugung

Seite:	Quelle:	Hauptthesen: Brennstoffzelle
[3]	Callux-Informationsprogramm, „Praxistest Brennstoffzelle fürs Eigenheim"	**[Kapitel] Ein Wandel der Energieversorgung ist notwendig** „Bislang sind Holz und die fossilen Energieträger Kohle, Erdöl und Erdgas die wichtigsten Quellen der Energieversorgung. Diese Ressourcen werden nach einer Phase intensiver Nutzung heute knapper und müssen geschont werden. Das macht einen grundlegenden Wandel der Energieversorgung notwendig."
[2]		**[Kapitel] Energieverbrauch privater Haushalte** Deutsche Privathaushalte verbrachten 2008 rund 29 Prozent der Endenergie (Verkehr nicht einbezogen). Der weitaus größte Anteil entfällt auf Raumwärme sowie die Warmwasserbereitung. [An dieser Stelle wird deutlich, dass ein flächendeckendes Umdenken jedes Einzelnen stattfinden muss.]
[6]		**[Kapitel] Brennstoffzellen-Heizgeräte: Energieeffizient, umwelt- und ressourcenschonend** Brennstoffzellen-Heizgeräte arbeiten hocheffizient und

		ressourcenschonend und sind sehr gut für den Einsatz in Ein- und Zweifamilienhäusern geeignet.
[4]		**[Kapitel] Kraft-Wärme-Kopplung** Brennstoffzellen-Heizgeräte arbeiten nach dem Kraft-Wärme-Kopplungs-Prinzip, Strom und Wärme entstehen nicht durch Verbrennung fossiler Brennstoffe, sondern in einem elektrochemischen Wandlungsprozess. [Dadurch kann Primärenergie eingespart die CO_2-Emissionen reduziert werden]
[2]		**[Kapitel] Komponenten im Überblick** Mit Brennstoffzellen-Heizgeräten kann die Grundlast des Strom- und Wärmebedarfs eines Gebäudes gedeckt werden. [Es kommt dabei nicht zur Verbrennung fossiler Brennstoffe]
		Zur Deckung der Spitzenlast kommen in der Regel bewährte Gas-Brennwertgeräte zum Einsatz. [Erdgas bildet unter den fossilen Energieträgern den saubersten]
[7]		**[Kapitel] KWK-Anlagen im Vergleich** Durch dezentrale Brennstoffzellen-Heizgeräte und der damit verbundenen Energienutzung am Ort ihrer Entstehung, verringern sich die Transportverluste der Wärmeenergie enorm
[3]	Callux-Informationsprogramm, „Praxistest Brennstoffzelle fürs Eigenheim"	**[Kapitel] Vorteile von Brennstoffzellen-Heizgeräten** *„Brennstoffzellen-Heizgeräte benötigen meist weniger Primärenergie als bei der getrennten Erzeugung von Strom und Wärme erforderlich wäre. Wird Erdgas als Energieträger genutzt, emittieren sie sehr wenig CO_2, CO und NO_X. Ansonsten wird nur umweltunschädlicher Wasserdampf frei."*
[11]		**[Kapitel] BZH-Systemregelung** Die im System integrierte BZH-Systemregelung gewährleistet einen effizienten Betrieb des Gesamtsystems und vermeidet unnötiges An- und

		Abfahren des Systems
		Brennstoffzellen-Heizgeräte sind ein Zukunftssystem zur Wärmeenergieerzeugung im Versorgungsbereich geringer Leistungen, bei dem fossile Brennstoffe im Vergleich zu anderen, konventionellen Techniken eingespart werden. Durch Programme wie „Callux" und NIP-Programm (Nationalen Innovationsprogramms Wasserstoff-und Brennstoffzellentechnologie) wird die Weiterentwicklung und künftige breite Markteinführung gefördert.

Anja Skonieczny (3. Fachsemester Master Facility- und Immobilienmanagement) Seminar: Nachhaltige Gebäudetechnik Dozent: Prof. Dr.- Ing. Reinhard Reimann **Thema: Der Einsatz von Zeolith- Brennwertgeräten zur Wärmeenergieerzeugung**	Datum: 27.03.2011

Seite:	Quelle:	**Hauptthesen: Zeolith-Brennwerttechnik**
[11]	http://www.vaillant.de/ anwendungen/ebooks/zeoTHE RM/pdf;	Die Zeolith-Brennwerttechnik gilt als gelungene Weiterentwicklung moderner und bereits sehr effizienter Gasbrennwerttechnik.
[3]	http://igwp.de/downloads/ igwp_gas_sonderdruck.pdf,	Durch die zusätzliche Nutzung regenerativer Energien, kann mit Zeolith-Brennwerttechnik der CO_2-Aussoß im Vergleich zu moderner Brennwerttechnik noch einmal um bis zu 20% reduziert werden.
[25]		Die integrierte Adsorptionswärmepumpe befindet sich derzeit an der Spitze der Entwicklung effizienter Gas-Heizsysteme
[3]	http://igwp.de/downloads/igwp —	Wie bei Brennstoffzellen-Heizgeräten die Brennstoffzelleneinheit, deckt hier das

	pressematerial_viessmann.pdf	Wärmepumpenmodul die Grundlast des Gebäudewärmebedarfs und nutzt dazu kostenlose Umweltwärme.
[10]	http://www.vaillant.de/ anwendungen/ebooks/zeoTHE RM/pdf;	Zeolith-Brennwertgeräte vereinen die beiden fortschrittlichen Technologien, bewährte Gas-Brennwerttechnik und das Zeolith-Sorptions-Verfahren, miteinander.
[7]		Die in der Adsorptions-Wärmepumpe verwendeten Kälte- und Adsorptionsmittel, Wasser und Zeolith, wirken sich nicht belastend auf die Umwelt aus.
[4]	http://www.vaillant.de/stepone 2 /data/downloads/55/4b/00/Pros pekt-zeoTHERM.pdf	Die Zeolith-Brennwerttechnik scheint das bislang fortschrittlichste System zur Wärmeenergieerzeugung für Einfamilienhäuser zu sein.

BEI GRIN MACHT SICH IHR
WISSEN BEZAHLT

- Wir veröffentlichen Ihre Hausarbeit,
  Bachelor- und Masterarbeit

- Ihr eigenes eBook und Buch -
  weltweit in allen wichtigen Shops

- Verdienen Sie an jedem Verkauf

Jetzt bei www.GRIN.com hochladen
und kostenlos publizieren